CATALOGUE

D'UNE COLLECTION

D'ESTAMPES

DE L'ÉCOLE FRANÇAISE DU XVIIIᵉ SIÈCLE

EN NOIR ET EN COULEUR

PORTRAITS ET VIGNETTES

QUELQUES DESSINS

FORMANT

La Collection de M. A. L. G.

Dont la vente aux enchères publiques aura lieu

HOTEL DES COMMISSAIRES-PRISEURS, RUE DROUOT, Nᵒ 9,

SALLE Nᵒ 6

Le Mardi 11 Mai 1886

A UNE HEURE ET DEMIE

Par le ministère de **Mᵉ MAURICE DELESTRE**, Commissaire-Priseur,
27, rue Drouot, 27.

Assisté de **M. JULES BOUILLON**, Marchand d'Estampes de la Bibliothèque
Nationale, successeur de CLEMENT, 3, rue des Saints-Pères.

PARIS — 1886

CONDITIONS DE LA VENTE

Elle sera faite au comptant.

Les Acquéreurs payeront CINQ POUR CENT en sus des enchères, applicables aux frais.

M. J. BOUILLON, chargé de la vente, se réserve la faculté de rassembler ou de diviser les lots.

DÉSIGNATION

ESTAMPES

A. G. T. G.

1 — L'Agréable illusion, d'après J. G. Très belle épreuve, grande marge.

ANONYMES

2 — Cource galante. Mlle de Macaroni va au devant de son bon ami qui revient de Philadelphie. Belle épreuve. Rare.

3 — La Ceinture de chasteté. Deux pièces faisant pendants. Belles épreuves, sans marge.

4 — Scène de la Révolution française. Six pièces in-8 à la manière noire. Très belles épreuves, marges.

5 — Retour du marché. Belle épreuve.

6 — Le Magicien dans ses transports. In-fol. en couleur. Belle épreuve.

7 — Expulsion des jésuites des États du Roy d'Espagne, de Naples et des duchés de Parme ; leurs ordres proscrits en France et en Portugal. Sujets relatifs au père Girard et la belle Cadière. Quatre pièces.

ARDELL (J.-M.)

8 — Le jeune Musicien, d'après Molenaert. In-fol. en manière noire. Belle épreuve.

AUDOUIN (P.)

9 — *Moreau*, général en chef de l'armée du Rhin ; en bas est représentée la Bataille de Hohenlinden. In-fol. Belle épreuve, marge.

BARBIÉ ET DE MARCENAY

10 — Catherine II, impératrice de Russie, — Le Maréchal de Saxe. Deux portraits in-8. Belles épreuves.

BARTOLOZZI (F.)

11 — Psyche Going to bathe, d'après Cipriani, — Nymphe et Satyre. Deux pièces, dont une avant toutes lettres.

BAUDOUIN (d'après P.-A.)

12 — Le Confessionnal, — Le Catéchisme. Deux pièces faisant pèndants, gravées par Moitte. Très belles épreuves.

12 *bis* — L'Enlèvement nocturne, par N. Ponce. Belle épreuve. grande marge.

13 — Le Goûter, gravé en couleur, par Bonnet. Très belle épreuve, marge.

14 — La même estampe. Très belle épreuve, marge.

15 — Qu'est-la ? — J'y vais. Deux pièces faisant pendants, gravées en couleur, par L. Marin. Très belles epreuves.

16 — Le Soir, par de Ghendt. Belle épreuve, toute marge.

BEAUFORT (d'après)

17 — Vénus au bain, — Diane au bain. Deux pièces faisant pendants, gravées en couleur, par Bonnet. Très belles épreuves.

BERTAUX ET QUÉVERDO (d'après)

18 — Le Bénédicité, — La jeune Nourrice, — La Curieuse, — Les Admirateurs de la nature. Quatre pièces dont une avant la lettre. Belles épreuves.

BINET, MARTINET ET BERTAUX

19 — L'Autel de l'Amour, — La Solitude agréable, — Le moment d'hilarité universelle. Trois pièces. Belles épreuves.

BOILLY (d'après L.)

20 — Le Libéral, — L'ultra. — Deux pièces faisant pendants, gravées par Hulot. Très belles épreuves, marges.

BOISSIEU (J.-J. DE)

21 — La Leçon de botanique. Belle épreuve.

BOIZOT ET MIGER

22 — *Artois* (Marie-Térèse, comtesse d'), d'après Boizot, — *La Tremoille* (Charlotte Catherine de), d'après Le Monnier. Deux portraits in-fol. et in-4. Très belles épreuves.

BONNEMAIN (d'après)

23 — L'Heureuse fermière, en couleur. Belle épreuve.

BONNET (L.)

24 — Le Chat au guet, — La Cage ouverte. Deux pièces en couleur, faisant pendants. Très belles épreuves.

25 — Bazile et Laurette, — Bazile et Luzy. Deux pièces faisant pendants, gravées en couleur, d'après Aubris. Belles épreuves.

26 — Diane au bain, — Vénus au bain. Deux pièces faisant pendants, gravées en couleur, d'après Beaufort. Très belles épreuves.

27 — La Dormeuse, — Les Aprêts du bain. Deux pièces faisant pendants, en couleur. Très belles épreuves, marges.

28 — La Toilette en désordre, en couleur. Très belle épreuve.

29 — Toilette du soir, d'après Beaulier, à la sanguine. Belle épreuve.

BONNET (Chez)

30 — Le Repos de Cérès, — Minon, minette. Deux pièces en couleur. Belles épreuves, avec margés.

BONNIOU (d'après)

31 — Les Revers de la fortune, — L'Espoir d'un heureux jour. Deux pièces faisant pendants, gravées en couleur, par Marin. Très belles épreuves.

BOUCHER (d'après F.)

32 — La Bergère endormie, — L'Amour oiseleur. — Pastorale. Trois pièces gravées par Daullé, Lépicié et Huquier. Belles épreuves.

33 — Madame *Favart* dans le role de Ninette, par La Live de Jully. Très belle épreuve, marge.

34 — Seconde vue des environs de Charenton, — Le Pêcheur, — Pastorales, — Andromède. — Étude, — Vénus et l'Amour. Sept pièces gravées par Benazech, Duflos, Huquier, Aveline et Fessard. Belles épreuves.

35 — Les Grâces, par Charpentier. Pièce gravée en bistre. Très belle épreuve.

36 — Tête de bacchante, — Jeune garçon faisant des bulles de savon. Deux pièces gravées par Demarteau (91 et 290). Belles épreuves.

37 — Têtes de jeunes femmes. Deux pièces gravées aux trois crayons par Demarteau (250 et 475). Très belles épreuves.

38 — Vénus et l'Amour, — Vénus au bain. Deux pièces de forme ovale, gravées avec trois crayons par Demarteau (488-489). Très belles épreuves.

39 — Vénus aiguise ses traits, par Honnet. Belle épreuve en couleur.

39 *bis.* — Jupiter et Léda, — La Bonne mère, — La Jeune mère. Trois pièces, par Demarteau et Huquier. Belles épreuves.

BOUCHER (d'après F.)

40 — Etude de jeune fille assise, — Le Bain de Léda, — Vénus et l'Amour. Trois pièces gravées à la sanguine, par Demarteau. Très belles épreuves.

41 — Vénus et l'Amour, — Femme endormie, — Ruines du Pelloponoise, d'après Boucher fils. Trois pièces.

BOUCHER et MONNET (d'après)

42 — Vignettes in-8, pour les *Métamorphoses* d'Ovide. Huit pièces, dont deux avant la lettre.

BOURGEOIS DE LA RICHARDIÈRE

43 — Le Désir. In-4 en couleur. Belle épreuve.

BOVA, ÉLÈVE DE BARTOLOZZI

44 — *Cosway* (R.), d'après lui-même. In-4. Belle épreuve, marge.

BOWLES

45 — A Saint Giles's Beauty. Belle épreuve.

BRÉANT

46 — La Bergère satisfaite, — Le Midi, petite pièce publiée chez Mme Breton. Deux pièces. Belles épreuves en couleur.

BRETON (A Paris, chez Mme)

47 — Joseph et Zaluca, — Et lui non. Deux pièces imprimées en bistre. Belles épreuves.

CARÊME (d'après)

48 — L'Aveugle trompé, — L'Aveugle détrompé. Deux pièces faisant pendants, gravées en couleur, par Wossenik. Belles épreuves.

49 — Satyres et Bacchantes, par Demarteau, en couleur Belle épreuve.

CARÊME (d'après)

50 — Le Marchand d'orviétan de campagne, gravé en couleur, par Bonnet. Très belle épreuve.

CARÊME ET LEPRINCE (d'après)

51 — La Petite Thérèse, par J. Couché, — L'Enfant Chéri, par N. Delaunay. Deux pièces. Belles épreuves.

CARICATURES

52 — Caricatures sur l'empereur Napoléon, sujets tirés du Bon genre, du Musée grotesque, etc. Vingt-quatre pièces.

CARMONTELLE (L.-C. DE)

53 — Le duc d'Orléans et son fils (P. de B. 3). Très belle épreuve d'une pièce rare.

CARMONTELLE (d'après L.-C. DE)

54 — *Franklin* (Benjamin), in-fol. Très belle épreuve, toute marge.

55 — *Resnel* (l'abbé du Bellay de), né à Rouen, in-fol. Très belle épreuve, avant la lettre, marge.

CAZENAVE

56 — Le Nid d'Amour, — A l'Amour il faut se rendre. Deux pièces en couleur faisant pendants. Très belles épreuves.

CHAUVET

57 — Suite de Cent-soixante-quinze figures en tête de pages pour illustrer la *Traduction d'Horace*, par M. le comte Siméon. Tirage hors texte.

CHEVEAU ET COTTIBERT (d'après)

58 — Le Repos, par J. B. Louvion, — La Cuisinière française, par Vidal. Deux pièces en couleur. Belles épreuves.

COCHIN (d'après C.-N.)

59 — Concours pour le Prix de l'Etude des têtes et de l'expression, par J.-J. Flipart. Très rare épreuve avant toutes lettres, à l'état d'eau-forte, marge.

60 — La même estampe. Très belle épreuve, marge.

61 — L'Enfance, — Le Château de Cartes, — Le Camouflet. Trois pièces par Cochin et Dupuis. Belles épreuves.

62 — Six vignettes in-8 par divers graveurs pour l'*Origine des grâces*. Très belles épreuves.

COPIA ET VINCENT

63 — L'Amour et l'Amitié, — L'Amour et Psyché. Deux pièces faisant pendants. Très belles épreuves avant la lettre, grandes marges.

COQUERET

64 — La Tourterelle poursuivie, d'après T., en couleur. Très belle épreuve, marge.

65 — *Voidel* (J. G. Ch.), député du départ. de la Moselle, in-4, d'après Lambert. Belle épreuve, marge.

DEBUCOURT (P.-L.)

66 — Pauvre Annette. Bonne épreuve.

67 — La Marchande de Cerises, d'après C. Vernet, en couleur, Très belle épreuve, marge.

68 — Passez, Payez, d'après C. Vernet, en couleur. Très belle épreuve, marge.

69 — Rempailleur de Chaises, d'après C. Vernet, en couleur. Très belle épreuve, marge.

70 — La Toilette d'un Clerc de Procureur, — Le Marchand de peaux de lapin. Deux pièces en couleur d'après C. Vernet. Belles épreuves.

71 — Costumes Polonais, 1817, d'après Norblin. Seize pièces en couleur.

DESCOURTIS

72 — *Paul et Virginie*, suite de quatre gravures en largeur, imprimées en couleur. Très belles épreuves.

DESRAIS (C.-L.)

73 — Jeune homme et jeune femme assis sur un canapé. Pièce rare. Très belle épreuve à l'état d'eau forte, marge.

DICKINSON (W.)

74 — Lydia. Pièce en couleur. Très belle épreuve.

DIVERS

75 — Estampes anciennes par Albert Durer, Lucas de Leyde, Dusart, Ghisi, Collaert, etc. Sept pièces.

76 — Sujets Anglais et Français. Dix pièces, plusieurs sont avant la lettre à l'état d'eau forte.

77 — Estampes d'après Terburg, Netscher, Le Brun, Lantara, par Denon, Dietricy, della Bella, etc. Vingt et une pièces avant et avec la lettre.

78 — Sujets divers par et d'après Lafage, Denon, Wicar, B. Picart, Durer, et Bouchardon. Huit pièces.

79 — Pastorales et Sujets mythologiques, d'après Cipriani, Kauffmann, Poussin, Cazali, etc. Dix pièces. Plusieurs sont avant la lettre ou à l'eau forte.

80 — Satyre et Bacchantes, d'après Jordaens, — Bain public en Russie, — Offrande à l'Amour d'après Greuze. Trois pièces avant la lettre ou à l'état d'eau forte.

81 — Le Point d'honneur, — Aux Défenseurs de la Patrie, — Du Sein de la Tyrannie naquit l'Indépendance. Trois pièces. Belles épreuves.

82 — Love, — Eloisa, — Le Midi, etc. Quatre pièces d'après White, Gardner, Boucher. Belles épreuves.

DIVERS

83 — Pont Louis XVI, — La Tour, — Général View of Kemp Tonn, — A Horses Head, — L'Amour Agreste. Cinq pièces en noir et en couleur. Belles épreuves.

84 — Lecture d'un testament, d'après Wilkie. — L'Accordée de Village, d'après Greuze, — La Leçon de Barbe et Les suites d'une faute, d'après Biard, — Sujets et Paysages, d'après les maîtres hollandais, avant et avec la lettre. Dix-neuf pièces.

85 — *J.-J. Barthelemy*, — L'Abbé de *Condillac*, — Le duc de *Nivernois*, — *J. Hancock*. Quatre portraits in-8 par St-Aubin, Volpato, Heina et Pelicier. Belles épreuves.

86 — G. Anne *Bellamy*, — David Garrick, — *Gustave III*, Roi de Suède, — *Napoléon III*, — *Charette*, — M. de la *Guillaumie*, — La Reine *Charlotte*, etc. Neuf portraits in-8 et in-4 par Maradan, P. Viel, Gaucher, Charlet, Sergent, Miller. Belles épreuves.

87 — Bossuet, — Fénelon, — Le Pape Pie VII, — Marie-Louise. Cinq portraits par Pigeot, Lefevre, Desnoyers et Jazet. Cinq pièces.

88 — Henri de Bourbon, prince de *Condé*, — Anne d'Autriche, — *Stanislas*, Roi de Pologne, — J. B. Say, — le Prince de *Ligne*, etc. Huit portraits, in-8 et in-4. Belles épreuves.

89 — Portraits de Frédéric II, Roi de Prusse, et de la Reine Louise. Vignettes d'après Moreau, Monnet, etc. Onze pièces.

90 — Homère, — Sénèque, — Racine, — Ch. Le Brun, — Van Dyck, — Carrache, etc. Sept portraits in-8 et in-4. Belles épreuves.

91 — Kleber, — Bayard, — Turenne, — le Maréchal de Villars, etc. Six portraits par Villeneuve, Sergent et autres.

92 — C. M. de *La Condamine*, — Thomas *Fairfax*, — J. J. Cassanea de Mondonville, — H. F. D'Aguesseau. Quatre portraits in-8 et in-4 par Choffart, Montcornet, Delatre et Daullé. Belles épreuves.

DIVERS

93 — *Le Pelletier St-Fargeau*,—*Chevert* (F. de), — *Jenyns*, — Louis XVI. Quatre portraits in-8 et in-4 par Moitte, Heath, Barbié, etc. Belles épreuves.

94 — *Louis XVI*, — *Marie-Antoinette*, et le *Dauphin*. Six portraits différents in-8 et in-4. Belles épreuves.

95 — Mme de *Maintenon*, — Mme de *Sevigné*, — Henri IV, — Washington, etc. Huit portraits par Ceroni, Tardieu, Muller, Forster et Blanchard. Belles épreuves dont plusieurs avant la lettre.

96 — *Paoly*, — *Boileau-Despréaux*, — Mirabeau, — Fréron, — Voltaire, — Mme de Grafiguy, — La Fontaine. Vignettes et sujets divers. Seize pièces.

97 — Portraits et sujets gravés à l'eau forte par Denon, de Frey, etc. Huit pièces.

DOUBLET (d'après)

98 — Lucile, —Rosette. Deux pièces faisant pendants gravées par Boillet. Très belles épreuves.

DREVET (P.)

99 — *Orléans* (Elisabeth, Charlotte de Bavière, duchesse d'), d'après Rigaud, superbe épreuve avant le texte au verso, marge.

DROLLING (d'après)

100 — Le Vieillard, — Le Chapeau. Deux pièces gravées par Perdriau. Belles épreuves.

DROUAIS (d'après F.)

101 — Les Enfants du duc de Béthune, par C. Melini. Très belle épreuve.

DREYER

102 — Le Sultan et la Sultane favorite. Belle épreuve. Rare.

DUHAMEL ᴇᴛ DUPIN

103 — *Crebillon* (Joliot de), — *Piron* (Alexis), — *Rousseau*
(J.-B.). Trois portraits in-8. Belle épreuve,

DUNKER

104 — Frontispice de de l'Heptaméron français. Neuf exem-
plaires.

DUPLESSIS-BERTAUX (d'après)

105 — L'Instant de la gaieté, — La Réflexion tardive, — La
Perte irréparable, — La Chambrière instruite. Quatre
pièces. Bonnes épreuves.

DURER, LEYDE, ALDEGRAVER, PENCZ, BINCK.

106 — Vingt-six pièces des Œuvres de ces maîtres. Originaux
et copies.

ÉCOLE FRANÇAISE DU XVIIIᵉ SIÈCLE

107 — L'Amour conduit par la Folie, — Le Soulier bien fait.
Deux pièces. Très belles épreuves.

108 — Six petits sujets en médaillons, imprimés sur une même
feuille, pour dessus de boîtes. Très belle épreuve.
Marge.

109 — La Douce ivresse, — Les Tendres vœux, — Une Pu-
celle, — Une Femme mariée. Quatre pièces. Les deux
dernières gravées par Levilly, d'après Smith.

110 — Appréhension, — La Toilette de Vénus, — Jupiter et
Léda, — Antiope, etc. Six pièces en couleur. Belles
épreuves.

111 — Le Faiseur de bulles de savon, — Portraits de Watteau
et Sujets d'après Ostade et Maes. Cinq pièces. Belles
épreuves.

112 — Estampes d'après Chardin, Eisen, Cochin, Forty, Du-
ménil, Baudouin, Coypel, Mayer, etc. Neuf pièces.

ÉCOLE FRANÇAISE DU XVIII° SIÈCLE

113 — Sujets d'après Leprince, Saint-Aubin, Jeaurat et Chauveau. Cinq pièces par divers graveurs. Belles épreuves.

114 — Vignettes par Eisen, Choffart, Saint-Aubin, Cochin, Moreau, Lebarbier, etc. Dix-sept pièces, en partie avant la lettre, ou à l'eau-forte.

ÉCOLE ANGLAISE

115 — Sophonisba accepting the nuptial present sent by her Husband Masinissa, — Democritus and Protagoras. — Sabrino releasing the Lady from the enchanted chair, — L'Amour. Quatre pièces gravées par Ravenet, Taylor, Scott et S. W. Reynolds. Belles épreuves.

116 — Portraits in-8 de personnages gravés à la manière noire, d'après Reynolds, Cotes, Liotard, Williams, Mercier, Hogarth, etc. Quinze pièces. Très belles épreuves.

117 — *Forrest*, — Richard *Stele*, — *Clarendon*, — Guillaume III, — Arthur, comte d'Essex, — George III, — Charles II, — Sujets, etc. Quinze portraits. Belles épreuves.

ÉCOLE FLAMANDE

118 — Scène de Mœurs, d'après Teniers, Bega, Rotenhamer, etc. Dix pièces gravées à la manière noire. Belles épreuves.

119 — Eaux-fortes et gravures à la manière noire, d'après Rembrandt, du Sart, G. Dow, de Vos, etc. Douze pièces.

EISEN (d'après Cʜ.)

120 — En-têtes et fleurons pour *les Baisers*. Cinq pièces. Superbes et très rares épreuves tirées hors texte. Grandes marges.

121 — Suite de quatre-vingt gravures in-8, par divers graveurs, pour les *Contes de La Fontaine*, 1762. Édition dite des Fermiers généraux. Très belles épreuves, non rognées.

EISEN (d'après Ch.)

22 122 — Cinquante-sept pièces de la même collection. Très belles épreuves.

123 — Sept pièces pour le même livre (refusées). Très belles épreuves. Rares.

7 124 — Le Réveil dangereux, gravé à la sanguine par Briceau. Très belle épreuve. Marge.

9 125 — La Vertu sous la garde de la Fidélité, — Les Désirs satisfaits. Deux pièces faisant pendants, gravées par Le Beau et Patas. Belles épreuves.

EISEN et BAUDOUIN (d'après)

11 126 — La Vertu sous la garde de la Fidélité, par Le Beau, — La Sentinelle en défaut, par N. de Launay. Deux pièces. Belles épreuves.

EISEN et CARÊME (d'après)

127 — Bacchanale, — La Bacchante enyvrée, — Le Satyre amoureux. Trois pièces gravées par Le Hardy, de Famars et Janinet. Une est double. Quatre pièces.

EISEN et COYPEL

12 128 — Vignettes diverses, — Titres, en-têtes et fleurons pour un livre de prières. Quatorze pièces.

FICQUET (Étienne)

129 — *Eisen* (Ch.), d'après Vispré. Belle épreuve. Marge.

130 — *La Fontaine* (J. de), d'après Rigaud. Très belle épreuve, au ruisseau blanc.

131 — Le même portrait. Très belle épreuve, avec le ruisseau ombré.

132 — *La Mothe Le Vayer* (F. de), d'après Nanteuil. Bonne épreuve.

133 — *Maintenon* (Françoise d'Aubigné, marquise de), d'après Mignard. Très belle épreuve. Marge.

FLIPPART (P.-P)

134 — *Favart* (Mme), actrice, d'après Cochin, in-8. Belle épreuve. Marge.

FRAGONARD (Honoré)

135 — Les quatre Bacchanales (P. de B. 6-9). Belles épreuves.

FRAGONARD (d'après H.)

136 — L'Amour ingénieux, gravé en couleur par Legrand. Belle épreuve.

137 — Annette à l'âge de quinze ans, — Annette à l'âge de vingt ans. Deux pièces faisant pendants, gravées par Godefroy. Très belles épreuves.

138 — Le Chiffre d'amour, par Delaunay. Très rare épreuve avant toutes lettres.

139 — Le Glouton, — La Fiancée du roi de Garbe, — Le Calendrier des vieillards. Trois pièces in-4 pour les *Contes de La Fontaine*. Deux sont avant la lettre.

140 — Le Moment favorable, par Berthet. Très rare et belle épreuve avant toutes lettres.

141 — La Nuit des noces, — Le Reveille des filles de Mme ***, marchande de modes. Deux pièces sans nom de graveur. Belles épreuves. Marges.

141 *bis* — Sapho, par Angélique Papavoine, — La Fontaine d'amour, par Audebert. Deux pièces. Belles épreuves.

142 — Le Serment d'amour, par J. Mathieu. Très rare épreuve à l'état d'eau-forte. Un peu rognée.

143 — La même estampe. Très belle épreuve. Grande marge.

FRAGONARD et FREUDEBERG (d'après)

144 — La Cachette découverte, par R. de Launay, — Les Adieux du Laboureur, par Trière. Deux pièces. Très belles épreuves.

FREUDEBERG (d'après)

145 — Le Petit jour, par N. de Launay. Bonne épreuve. Toute marge.

GAUCHER (Ch.-Ét.)

146 — *Gillet* (Louis), maréchal des logis, in-4. Belle épreuve. Marge.

GAUCHER ᴇᴛ DE LAUNAY

147 — *Piis* (A.-P.-A de), d'après François *Tressan*, — (L.-E. de La Vergne, comte de), d'après Borel. Deux portraits in-8. Belles épreuves. Un est double. Trois pièces.

GAUCHER ᴇᴛ HUBERT

148 — Louis XVI, — Marie-Antoinette, dauphin et dauphine. Deux portraits in-8, faisant pendants. Très belles épreuves. Marges.

GILLOT (Claude)

149 — Le Mariage, — La Naissance, — Les Obsèques, — Fête du dieu Pan, célébrée par des Sylvains et des Nymphes, — Feste de Faune, dieu des forêts. Cinq pièces. Belles épreuves.

GREUZE (d'après J.-B.)

150 — L'Enfant gâté, par Malœuvre. Superbe épreuve avant la lettre. Toute marge.

151 — La Mère en couroux, — Le Repentir. Deux pièces faisant pendants, gravées par Moitte. Bonnes épreuves.

152 — Premier cahier de têtes de différents caractères. Six pièces gravées par Ingouf. Belles épreuves.

GREUZE, FRAGONARD ᴇᴛ DOLCI (d'après)

153 — Etude de mendiants, — La Cruche cassée, — Vénus et l'Amour, — Le Sauveur du monde, — La Jeune mère, etc. Sept pièces. Belles épreuves.

GUÉRIN (Christophe)

154 — La Fayette, député d'Auvergne à l'Assemblée nationale, d'après Weyler. In-fol. Belle épreuve.

GUYOT et FLIPPART

155 — La Dame de qualité flamande, d'après Mieris, — L'Es-
pagnol, d'après Grimou. Deux pièces. Belles épreuves.

GUYOT (Chez)

156 — La Fuite à dessein, ou le parjure Louis XVI. Pièce imprimée en bistre. Très belle épreuve.

HAID (J.-J.)

157 — La Galante fille, — La Résignation, — Dame prenant
son thé, — La Toilette, — La Lecture, etc. Huit pièces.

HENRIQUEZ (B.-L.)

158 — *Bouvart* (Cl. Michel Ph.), d'après Bourgeois. In-fol.
Très belle épreuve, marge.

HOIN (d'après)

159 — Le Prélude amoureux, — L'Ecueil de la sagesse. Deux
pièces faisant pendants, gravées par de Monchy. Très
belles épreuves.

HUET (d'après J.-B.)

160 — L'Amour fait l'offrande de son cœur à Vénus, — Le
Concert des Trois Grâces. Deux pièces faisant pendants,
gravées en couleur, par Bonnet. Très belles épreuves,
marges.

161 — Le Berger, — La Bergère. Deux pièces gravées aux
trois crayons, par Demarteau. Belles épreuves.

162 — Le Berger récompensé, par Jubier, en couleur. Belle
épreuve.

163 — La Bergère satisfaite, — L'Espoir heureux. Deux pièces
faisant pendants, gravées en couleur, par Bonnet. Très
belles épreuves.

HUET (d'après J.-B)

164 — Ce qui est bon à prendre est bon à garder, par A. Cha-
ponnier. Belle épreuve avant la lettre. *Gh. 6.*

165 — La Danse, — Offrande à l'Amour. Deux pièces en couleur, par Bonnet et Jubier.

166 — La Déclaration, par Legrand, en couleur. Belle
épreuve.

167 — Le Gouter champêtre, par Jubier, en couleur. Très-
belle épreuve.

168 — Le Cerisier, par Jubier, en couleur. Très belle épreuve.

169 — Les Grâces enchaînées par l'Amour, gravé en couleur,
parBonnet. Très belle épreuve.

170 — Les Grâces et les Amours, gravé en couleur, par
l'Eveillé. Très belle épreuve.

171 — Portrait de Madame Huet, représentée en buste, dans
un médaillon, lisant une lettre. Gravé aux trois crayons,
par Demarteau. Belle épreuve.

172 — Le Nid. Jolie pièce imprimée en bistre. Très belle
épreuve avant toutes lettres.

173 — Retour du marché, gravé en couleur, par Auvray
Très belle épreuve, marge.

174 — Les Saisons. Suite de quatre pièces gravées par Voy-
sard. Très belles épreuves imprimées en bistre, marges.

175 — Tête de bacchante, gravée aux trois crayons, par Demarteau (494). Très belle épreuve, marge.

176 — Vénus enflammée par l'Amour, — L'Amour prie Vénus.
Deux pièces faisant pendants, gravées en couleur, par
Bonnet. Très belles épreuves, marges.

177 — Sujets de chasse, gravés à la sanguine, par Demar-
178 teau. Quatre pièces.

HUET ET BACHELIER (d'après)

178 — Le Chien bichon et sa famille, — Les Chiens de Mme de Pompadour. Trois pièces dont une avant la lettre.

HUET ET CARÊME (d'après)

179 — Le Berger et son chien, — Satyres et Syrènes, — Fragments et principes de dessin. Cinq pièces, par Demarteau et Bonnet.

HUET ET CHEVAUX (d'après)

180 — Diane et Endymion, — Le Dénicheur. Deux pièces gravées en couleur, par l'Éveillé et Mote. Belles épreuves.

IMBERT ET SCHALL (d'après)

181 — La Curieuse, — La Ruelle. Deux pièces faisant pendants, gravées par Letellier et Malapeau. Belles épreuves.

INGOUF ET GAUCHER

182 — Houdart *de la Mothe*, — J. Ant. de *Baïf*, — Joachim du *Bellay*. Trois portraits. In-8. Belles épreuves.

INGOUF, LEMIRE, LE BEAU ET SAINT-AUBIN

183 — Le Pape *Pie VI*, — Louis-André de *Grimaldi*, — Fenelon, — *Bossuet*. Quatre portraits in-8 et in-4. Belles épreuves.

JOHANNOT, BOULANGER, RAFFET, ETC.

184 — Vignettes in-8, pour les OEuvres de Victor Hugo : *Cromwell*, *Marion Delorme*, *Hernani*, le *Roi s'amuse*, *Lucrèce Borgia*, *Marie Tudor*, *Angelo*. Quinze pièces. In-8 en un vol. cart. Épreuves avant la lettre, sur Chine.

JOHANNOT, LEMUD, SANDOZ, ETC.

185 — Vignettes in-8 et in-4, pour les Chansons de Béranger. Quinze pièces.

JOLLAIN (d'après)

186 — Le Bain, — La Toilette. Deux pièces faisant pendants, gravées en couleur, par Bonnet. Très belles épreuves, marges.

187 — Le Bain, par L. Bonnet, en couleur. Très belle épreuve.

KLAUBER, PIERRON, DEVAUX et BINET

188 — Petit écolier de Harlem, d'après Pœlemburg, — Le Petit joueur de marionnettes, d'après Kymli, — Annette, d'après Greuze. Quatre pièces. Très belles épreuves.

LAGNIET

189 — Recueil des plus illustres proverbes. Proverbes moraux, — Proverbes joyeux et plaisants, — Le Vie des gueux, en proverbes, etc. Deux cent vingt-trois pièces, en partie en un vol. in-4 vélin.

LAMBERT et SIMON (d'après)

190 — La Marchande d'huîtres, — La Pensive Anglaise. Deux pièces en couleur, gravées par Le Page et Bourgeois de La Richardière. Très belles épreuves, marges.

LAVREINCE (d'après N.)

191 — Les Nymphes scrupuleuses, par Vidal. Belle épreuve.

192 — La Soubrette confidente, par G. Vidal. Superbe épreuve, toute marge.

LAVREINCE et CHEVEAU (d'après)

193 — L'Hiver, — La Protestation d'amour d'Abélard à Eloïse, par Mixelle. Deux pièces en couleur. Belles épreuves.

LE BARBIER (d'après)

194 — Suite de dix-neuf figures in-8, et un portrait du Tasse, pour la *Jérusalem délivrée*. Très belles épreuves avant la lettre, grandes marges ; plus, dix pièces doubles à l'état d'eau-forte.

LE BEAU

195 — *Ollivier* (Mlle), de la Comédie française, — *Lescot* (Mlle), de la Comédie italienne. Deux portraits in-8. Belles épreuves.

LE BEAU ET PLÉE

196 — *Bouvart* (Michel Philippe), — *de Juigné*, archevêque de Paris, — *De Préville*, comédien. Trois portraits in-8. Belles épreuves.

LE BEL (d'après)

197 — La voilà prise, par Niquet. Belle épreuve avant la lettre.

LE BRUN, LE CLERC ET DULIN (d'après)

198 — La Déclaration d'amour, — La Sollicitation amoureuse, — L'Homme entre deux âges et ses deux maîtresses, — Vertumne et Pomone. Quatre pièces gravées par Patas, Aubert et Petit.

LE CLERC (d'après)

199 — Jeunes femmes représentées en buste dans des bordures ornementées. Deux pièces faisant pendants, gravées en couleur, par L. Bonnet. Très belles épreuves, marges.

LE GRAND (Augustin)

200 — La Serrure, d'après Valet. Belle épreuve, grande marge.

201 — Le Villageois qui cherche son veau, — La Servante justifiée. Deux pièces. Très belles épreuves.

LE GRAND ET RUOTTE

202 — La Mère Propreté, d'après Girardon, — L'Amour dévoile Vénus, d'après Cosway. Deux pièces en couleurs.
203 Belles épreuves.

LE PEINTRE (d'après)

203 — La Tricherie reconnue, — Le Danger de la bascule.
Deux pièces faisant pendants, gravées par de Monchy.
Belles épreuves.

LÉPICIÉ (d'après N.-C.)

204 — Ménage de bonnes gens, par de Longueil. Superbe
épreuve avant la dédicace, marge.

LE PRINCE (d'après)

205 — Tête de pierrot, — Pope lisant, — La Jardinière.
Trois pièces gravées par Demarteau (256, 297 et 388).
Très belles épreuves.

LE PRINCE, BAR ET CHATELET

206 — Le Poële, — La Lampe polonoise, — Le Bain de village, etc. Cinq pièces, dont quatre imprimées en bistre.
Belles épreuves.

LE SEUR

207 — Monsieur le duc *de Luynes*. In-4. Belle épreuve, marge.

LETELLIER ET GABRIEL

208 — L'Amour en gayeté, — La Sommeil agréable, — Léda
au bain, — Jupiter et Léda, — Triomphe de Jupiter.
Cinq pièces, d'après Renaud et Huet. Belles épreuves.

LINGÉE (Mme)

209 — Madame la marquise de V. (Villette), d'après Pujos,
in-4. Très belle épreuve, marge.

LUCIEN

210 — Les Jeux des Sylvains, d'après Franceschini. Belle
211 épreuve, à la sanguine.

MALLET (d'après)

211 — Arrivée de l'Amour au couvent, — L'Amour à la table du couvent. Deux pièces faisant pendants. Épreuves avant toutes lettres.

212 — Le Modelle. En couleur. Belle épreuve.

MARILLIER (d'après)

213 — Fables de Dorat. Cent neuf pièces, avant la lettre, tirées hors texte.

Tome Ier. En-têtes. Dix-huit pièces, dont douze avec grandes marges.

— Fleurons. Trente-cinq pièces, dont vingt-quatre avec grandes marges.

Tome II. En-têtes. Vingt-cinq pièces, dont quatorze avec grandes marges.

— Fleurons. Trente-cinq pièces, dont trois avec grandes marges. Trois pièces sont à l'état d'eau-forte.

214 — En-têtes pour les Fables de Dorat.
Fleurons pour les mêmes Fables. Trente-cinq pièces. Épreuves très belles, avant la lettre, du 2e tirage.

215 — Suite de vingt-quatre gravures in-8 avec bordures, pour les Œuvres d'Homère. Très belles épreuves avant la lettre.

MARILLIER, MONSIAU, ETC.

216 — Titres in-8 et figures in-8 et in-4, pour les Œuvres de Rousseau. Neuf pièces, dont une avant la lettre.

MARTINET (Chez)

217 — Le Sommeil favorable, — Le Réveil. Deux pièces faisant pendants. Très belles épreuves.

MASSARD (J.)

218 — *Marie-Antoinette*, dauphine de France, in-18. Superbe épreuve, grande marge.

MERCORUS (J.)

219 — L'Amour endormi, d'après Le Guide. Belle épreuve avant la lettre.

MERCURY (P.)

220 — Sainte Amélie, reine de Hongrie, d'après Paul Delaroche. Belle épreuve.

221 — La même estampe. Belle épreuve.

METZU, MIERIS ET OSTADE (d'après)

222 — La Toilette hollandaise, — La Double tentation, — Le Café hollandais. Trois pièces, gravées par Lévesque, Ménil et Beauvarlet. Bonnes épreuves.

MIGER, HENRIQUEZ ET TARDIEU

223 — *Gluck*, d'après Duplessis, — *D'Alembert*, d'après Jollain, — *P.-J.-C. de Rochechouart*, d'après Rapaley. Trois portraits in-fol. Belles épreuves.

MIXELLE

224 — Candaule, roi de Lydie, expose indiscrètement sa femme sans vêtements aux yeux de Gygès. Pièce in-4, imprimée en bistre. Très belle épreuve, marge.

MONNET (d'après)

225 — Ouverture des états généraux à Versailles, le 5 mai 1789, — Assemblée nationale, abandon de tous les privilèges, à Versailles, séance de la nuit du 4 au 5 août 1789. Deux pièces, gravées par Helman. Très belles épreuves du 1er état, avec les armoiries royales.

226 — Jupiter et Io, — Jupiter et Anthiope. Deux pièces faisant pendants, gravées par Vidal. Très belles épreuves, toutes marges.

227 — La Vertu surprise, — La Récompense inatendue. Deux pièces faisant pendants, gravées par Mme Chevery. Très belles épreuves.

MONSALDI

228 — *Dugazon* (Mme), d'après Isabey, in-4, eu couleur. Très belle épreuve, marge.

MOREAU (d'après J.-M.)

229 — A la Reine. Buste de Marie-Antoinette au milieu de figures allégoriques, gravé par N. Le Mire. Belle épreuve.

230 — Zéphire et Flore, — L'Enlèvement de Psyché. Deux pièces, gravées par Ruotte. Belles épreuves, avec marges, coloriées.

231 — Vignettes in-8 pour le *Jugement de Páris*, les Œuvres de Laugeon, de Molière, etc. Neuf pièces.

232 — En-tête de pages pour le *Musée Royal*. Quatre pièces. Très belles épreuves avant la lettre.

233 — Titre et en-têtes pour *Pygmalion*, scène lyrique de M. J.-J. Rousseau, mise en vers par M. Berquin. Sept pièces.

234 — Vignettes in-8 pour *les Saisons* et les Œuvres de Raynal. Six pièces, dont trois avant la lettre.

235 — Vignettes in-8 pour les Œuvres de Rousseau. Cinq pièces. Belles épreuves avant la lettre.

236 — Vignettes in-8 pour les Œuvres de Voltaire, Gessner, les Chansons de Laugeon, Regnard, les Chansons de Laborde, etc. Quinze pièces, dont plusieurs avant la lettre et à l'eau-forte.

MOREAU, COCHIN ET GRAVELOT

237 — En-têtes pour l'*Histoire de France*; vignettes pour les *Contes de Boccace*, etc. Neuf pièces, dont quatre avant la lettre.

MOREAU ET SAINT-AUBIN

238 — Vignettes et portraits pour les Œuvres de Voltaire. Cent trente pièces.

ODIEUVRE

239 — Trois portraits de la suite. Épreuves avant la lettre.

ODIEUVRE ET DESROCHERS

240 — Portraits par Ficquet, Schmidt, Tardieu. Basan, etc. Treize portraits in-8. Belles épreuves.

PARROCEL (d'après C.)

241 — Danse à l'italienne, par Le Bas. Belle épreuve, avec marge.

PATER, MALLET ET SICARDI (d'après)

242 — La Pintresse, — Le Modèle, — Oh! che boccone. Trois pièces, dont une en couleur.

PETIT

243 — Adrienne Le Couvreur, d'après Coypel, in-fol. en couleur. Très belle épreuve, marge.

PORPORATI

244 — Vénus qui caresse l'Amour, d'après Battoni. Très belle épreuve, marge.

245 — Le Coucher, d'après Vanloo. Très belle épreuve, marge.

246 — Suzanne au bain, d'après Santerre, — Le Bain de Léda, d'après Le Corrège. Deux pièces. Belles épreuves.

PRUD'HON (d'après P.-P.)

247 — Abrocome e Anzia, par Roger. Épreuve du 1er état, avec les noms des artistes à la pointe.

248 — Constitution française, par Copia. Belle épreuve, avec les noms à la pointe.

249 — Merien, graveur sur tous métaux. Très belle épreuve avec marge. Rare.

250 — Le Sort des artistes, par Copia. Belle épreuve, coloriée.

PRUD'HON (d'après P.-P.)

251 — *Talleyrand-Périgord* (Charles-Maurice de), gravé par Chapuy, in-4. Très belle épreuve.

252 — L'Enlèvement de Psyché, — La Toilette, — Le Zéphire, — Une Famille malheureuse, — La Justice et la Vengeance divine poursuivant le crime, — La Soif de l'or, — Le Génie des arts. Dix pièces gravures et lithographies, par Grevedon, Aubry Le Comte, Muller, Gelée, Caron, Laugier, Mauzin, etc. Trois sont avant la lettre.

PRUD'HON ET GÉRARD (d'après)

253 — Suite complète de neuf gravures in-4, pour les *Amours pastorales de Daphnis et Chloé*. Paris, P. Didot l'aîné, 1800. Superbes épreuves, avant la lettre. Grandes marges.

PRUNEAU (N.)

254 — *Levasseur* (Mlle Rosalie), de l'Académie royale de musique, in-4. Belle épreuve. Marge.

QUÉVERDO

254 *bis* — *Rousseau* (J.-J.). Terminé par Massol, in-4. Très belle épreuve.

REGNAULT (N.-F.)

255 — Matin, — Soir. Deux pièces faisant pendants. Très belles épreuves. Grandes marges.

REGNAULT (d'après)

256 — Vénus et l'Amour endormis, par Cazenave, — L'Illusion, etc. Trois pièces. Belles épreuves.

SAINT-AUBIN (d'après AUG. DE)

257 — L'Heureux ménage, — L'Heureuse mère, — La Sollicitude maternelle, — La Tendresse maternelle. Suite de quatre pièces en couleurs, gravées par Sergent, Gautier, Phelipeaux et Moret. Belles épreuves avant la lettre.

258 — The first come best served, par Sergent, en couleur. Belle épreuve.

SAVART (P.)

259 — Bossuet, — Colbert, — Richelieu. Trois portraits in-8. Belles épreuves.

SCHALL (d'après)

260 — Le Baiser refusé, — Le Baiser donné. Deux pièces faisant pendants, gravées en couleur par Bonnet. Très belles épreuves. Marges.

261 — La Belle toilette, gravé en couleur par Bonnet. Très belle épreuve.

SCHALL ET BAUDOUIN (d'après)

262 — La Défaite, par Marchand, — Les Cerises, par Ponce. Deux pièces.

SIMONAU (d'après)

263 — Il n'est plus temps, par Benossi, en couleur. Très belle épreuve.

SLODTZ (d'après M.-A.)

264 — Bal du May, donné à Versailles pendant le carnaval de l'année 1763, sous les ordres de M. le duc de Duras. . . gravé par Martinet. Très belle et ancienne épreuve. Marge.

SMITH (J.)

265 — Le prince de Galles et la princesse sa sœur, d'après Largillière, in-fol. en manière noire. Très belle épreuve.

SMITH ET WATSON

266 — Les deux Amies, — Le Billet doux. Deux pièces imprimées en bistre. Belles épreuves.

STOTHARD (d'après TH.)

267 — L'Alarme, — L'Appel. Deux pièces gravées par J. Strutt. Belles épreuves.

STREET ET SHERWIN

268 — The Deserted village, — The Market Girl. Deux pièces. Belles épreuves.

SUBLEYRAS (d'après)

269 — Frère Luce, par Elluin. Belle épreuve. Marge.

VANGELISTI

270 — *Corneille* (Marie-Angélique), descendante du grand Corneille, d'après Gault, in-fol. Très belle épreuve. Marge.

VANLOO (d'après C.)

271 — La Sultane, par Beauvarlet, — Lecture espagnole, par Godin. Deux pièces. Belles épreuves.

272 — Le Couché à l'italienne, par J... Epreuve imprimée en bistre.

VERNET (d'après C.)

273 — M. Dosainville dans *les Chasseurs et la Laitière*, par Darcis. Belle épreuve. Marge.

VOLMAR (G.)

274 — Troupeau de vache allant à la montagne, — Vache debout dans un paysage, sans noms d'artistes. Deux pièces.

WARD (W.)

275 — Louisa, pièce en couleur, publiée par Smith. Superbe épreuve. Grande marge.

276 — La même estampe. Très belle épreuve.

WATTEAU (d'après Ant.)

277 — La Danse champestre, par P. Dupin. Très belle épreuve.

278 — La Marmote, — La Fileuse. Deux pièces gravées par B. Audran. Très belles épreuves.

WATTEAU ET GREUZE (d'après)

279 — Comédiens italiens, par Baron, — Le Geste napolitain, par Moitte. Deux pièces. Bonnes épreuves.

WATTEAU ET LANCRET (d'après)

280 — L'Amour paisible, par de Favannes, — Les Charmes de la conversation, par Petit. Deux pièces. Belles épreuves.

WATTEAU ET PATER (d'après)

281 — *Au faible effort que fait Iris pour se défendre*, par C. N. Cochin, — L'Officier galant, — Vivandière de Brest, par Le Bas. Trois pièces. Belles épreuves.

WATSON ET GREEN

282 — Maria, d'après Gardner, — Pamela and Phyloclea, d'après P. Lely. Deux pièces en manière noire. Belles épreuves.

WILLE (J.-J.)

283 — Petite écolière, d'après Schenau, — L'Observateur distrait, d'après Mieris. Deux pièces. Belles épreuves.

284 — Repos de la Vierge, d'après Dietricy. Belles épreuves.

285 — *Pope* (Alex.), d'après Kneller, in-8. Belle épreuve, avant le texte au verso.

WILLE (d'après P.-A.)

286 — Le Tems perdu, par Halbou. Très belle épreuve, toute marge.

287 — Le Marchand de ptisane, — Le Dentiste embulant. Deux pièces en couleur faisant pendants, gravées par Berthault. Très belles épreuves.

288 — Le Dentiste embulant par Berthault, en couleur. Très belle épreuve. Marge.

WILLIAMS (E.)

288 *bis* — The Lovely brunette, d'après Ward, en couleur.
Très belle épreuve. Marge.

WOLFF ET LA CHAUSSÉE

289 — Les Pommes de terre, — L'Égrugeoire. Deux pièces.
Belles épreuves.

290 — Sous ce numéro, il sera vendu quelques lots d'estampes et portraits des diverses écoles.

291 — Sous ce numéro il sera vendu quelques dessins.

Typographie PILLET et DUMOULIN, rue des Grands-Augustins, 5, à Paris.